늪에 빠진 나비

나무시인선 032

늪에 빠진 나비

1쇄 발행일 | 2025년 10월 27일

지은이 | 김미호
펴낸이 | 윤영수
펴낸곳 | 문학나무
편집 기획 | 03085 서울 종로구 동숭4나길 28-1 예일하우스 301호
이메일 | mhnmoo@hanmail.net

출판등록 | 제312-2011-000064호 1991. 1. 5.
영업 마케팅부 | 전화 | 02-302-1250, 팩스 | 02-302-1251
ⓒ 김미호, 2025

값 13,000원
잘못된 책은 바꾸어 드립니다
지은이와 협의로 인지는 생략합니다
본 책은 저작자의 지적 재산으로서 무단 전재와 복제를 금합니다.
ISBN 979-11-5629-194-7 03810

늪에 빠진 나비

김미호 시집

문학나무

시인의 말

첫 시집을 내면서

- 김미호 -

많은 생각과 현상들이 스쳐 지나갑니다.
칼바람이 몰아친 날도 있었고,
가는 숨 내쉬며 절망으로 가득 찬 시간들도 있었습니다.
그럼에도 무너지지 않았던 이유는
제 안에 또 다른 텃밭이 있었기 때문입니다.

위산이 역류하여 내뿜던 입냄새로 떠나버린 사람이 있었고,
무딘 칼에 깊이 베인 상처가 무서워
차마 잠겨버린 시간들도 있었습니다.

지루하게 버텨온 어렵던 시간들을
현재라는 시간 속에 무심히 던져두니,
시는 나비가 되어 지친 영혼에 사뿐히 내려앉았고,
피어난 벚꽃에게 생명력을 전했습니다.

시는 점점 고집스런 제 영혼을 치유해 나갔고,
끝내 수용과 화해의 마음마저 품게 했습니다.

이러한 시의 힘으로 모든 현상을 형용하려 애썼고,
시어의 빈약함은 마음의 공허를 깊게 드리웠습니다.

결핍은 목마름이 되었고,
그 갈증은 시의 세계를 넓혀 갔습니다.
아직도 '미래는 없다'고 믿는 저에게
나비는 다시 미래를 말하게 합니다.
그리고 지금, 저는 천천히
그 미래의 주변을 날고 있습니다.

지금까지 저를 다듬어 주시고, 시 앞에 세워 주신
은혜로운 분들이 계십니다.

문학의 불씨를 심어 주신 창신대학교 이상진 교수님,

깊은 지혜를 일깨워 주신 부산외국어대학교 정기영 교수님,

스무 해 넘게 인생의 멘토로서 가르침을 주신 단국대학교 최영철 교수님.

스승님들의 가르침은 제 삶의 탄탄한 기둥으로 자리 잡고 있습니다.

삶의 가장 어두운 시기,

다시 일어설 수 있도록 큰 버팀목이 되어주신

하광룡 변호사님께도 깊이 감사드립니다.

제 길 위에는 늘 좋은 상사와 동료들이 숨 쉬는 직장이 있어

시인의 뿌리를 단단히 다질 수 있었습니다.

단국대학교, 한국능률협회, 유한킴벌리, 광성고, 신서고, 신서중, 철산중,

법률사무소 원원, 사람인, 학습과 성장.

이 모든 인연은 제 시를 이루는 소중한 바탕입니다.

사랑하는 두 아들, 친정어머니, 형제자매께도

늘 지지와 응원으로 힘이 되어 주신 마음을

이 작은 지면에 감사의 마음을 담아 전합니다.

무엇보다 이승하 교수님과의 인연은
　시인으로서 오늘에 이르기까지 열매를 맺게 하신
은혜로운 분이십니다.
　이승하 교수님의 시를 통해 저는 더욱 성숙할 수 있
었습니다.
　나비가 날 수 있도록 창작의 세계로 이끌어 주신 은혜,
제 시로 보답하겠습니다.

　마지막으로, 부족한 원고임에도
첫 시집의 출간을 흔쾌히 허락해 주신
문학나무 황충상 주간님께 깊이 감사드립니다.

　이 첫 시집을,
아버지의 영전에 헌정합니다.

2025 가을
김미호

차례

시인의 말
첫 시집을 내면서   004

1부
생존

늪에 빠진 나비   014
무언, 무죄   016
당신 탓이 아니야   019
하나만 알다가   020
가슴앓이   022
저울질   023
욕구   025
가스라이팅   027
해고   029
무덤 옆에 무덤이   032
어둠이 멈출 때   035
견뎌야만 하는 이유 1   037
미끼가 되어 하늘을 날다   039
견뎌야만 하는 이유 2   042
자각   044

해설 | 이승하 시인·중앙대 교수

비상을 꿈꾸는 나비가 날개를 파닥이며 부르는 노래　146

2부
이별

고해성사　048

떠나버린 지갑　050

무지의 종말　052

마지막 날　054

요양병원　056

살아 계신 날 유품 정리　060

영안실에서　064

발인 후　066

너를 추스르며　068

어른 새끼　070

안부　073

늦은 정리　075

초기화　077

그랬구나　078

사랑 그리고 이별　081

3부
사랑

잠시 인사를   086
산양 사랑   089
해맑은 미소에게   091
향기 없는 꽃   093
촉수들의 기도   095
감춰진 비밀   097
벙개   099
차이   101
압박   102
생각 둘   104
사랑   105
넌 뭘 해줄 수 있는데?   106
슬픈 고백   109
애초에 없었던 것   112
사랑 따위   113

4부
일상

끄적임　118
소중한 결핍　120
내 아이가　122
연근조림　126
두꺼비집　128
찰나　129
퍽퍽한　130
상담사의 하루　132
캐스팅하며　134
긍정의 힘　135
거부　136
서간문　138
아침을 명상하며　140
하루살이의 마음　142
너 지금 혼자인 거니?　144

1부
생존

늪에 빠진 나비

편도의 길을 간다
시간의 미련
과거의 꿈이 오늘을 데려왔다

설탕 두 스푼 첨가한 커피믹스의 달콤함
따히 신선하지도 새롭지도 않은 미래의 맛

찻잔 속 커피가 불안하게 떨려온다
일상의 바람은 저울에 올려지고
시커멓게 타 들어간 촘촘한 시간들은
어두운 행복으로 기울어진다

여리고 나약하다
버티려고 애쓰지만
허리에서 턱밑까지
숨이 차오른다

늪이다
바람이라도 멈추어 줬으면
안개라도 걷히기를

날갯짓을 해야 한다
날갯짓을 해야 한다

무언, 무죄

없으면 없는 대로
있으면 있는 대로
살아 있음으로
살아 있지 않음으로
충혈된 눈은
핏대를 세운다

현상과 이유를
설명하지 않을 그날이
오기나 하는 걸까

어제는 흐리고
내일은 눈이 온단다
오늘은 가뭄에 비가 내린다
거리는 축축하고
계절의 이상 현상은 지속되는데

네 이상한 정의는 아직도 살아 있는 거냐?
내 몸부림치는 정의야
어떻게든 버텨내라
도무지 대책도
도무지 도리도 없지만

-나는 죄가 없다
나는 용서받을 일을 하지 않았다

말하지 않아도 너만은 알 것이다

당신 탓이 아니야

난초 잎이 끄트머리에서부터 타들어 가는 것도
금붕어가 배를 뒤집어 하얗게 죽어 가는 것도
태양의 잘못도 주인의 잘못도 아니다

밥이 있어도 먹지 못하고
방구석에 처박혀 어둠을 지키는 것은
엄마의 탓도 운명의 탓도 아니다

오직 독하게 고장 나 버린
이 빌어먹을 내 심장 탓이다

하나만 알다가

언제부터
삐뚤어졌는지 모른다
바로잡기를
바로잡으려
오른쪽
왼쪽으로 힘쓰다가
털썩 주저앉아 버렸다

비뚤어진 것이 아닌
원래 그런 것이라
곧은 것이 비뚤어진 것이라
지나가는 새가 무심히 일러준다
-그거, 품종이 원래 그런 거래요 모르셨어요?

대체 넌 언제 세상을 제대로 볼 거냐
오늘은 부산 갈매기살을 먹어보자
침침한 눈

혓바닥이 더 말라버리기 전에

가슴앓이

아려오는 짓누름
시간을 견뎌낸다

오롯이 침묵밖에
방법이 없다는 걸 안다

출근길 내려앉은
햇살은 퀭하였고
눈에 밟힌 낙엽은
미치도록 아름다웠다

움직일 수 없다는 것
어찌할 수 없다는 것은
품은 자가 가진
가늠치 못할 수심(水深)
품은 자가 가졌던
유일했던 소원

저울질

깨어 있기에 괴롭다
감아 있으면 보이지 않고
약을 먹으면 먹통이 된다

깨어 있을 때는 깨어 있어야 한다
먹통은 낮에도 힘든 유혹을 하고
나는 언제나 그 경계에서
심각하게 고민을 한다

시계를 본다
저울이 먹통에 가까워진다
해는 나를 깨워서
일상의 루틴을 채찍질하고
밀어내고 일으키는 싸움은 어제와 같다

꽤나 흐른 시간이다
아침이더니 밤이다

〈
2년 6개월의 시간
그만 보고
그만 생각하기를
이제는 그만 이 어지러움에서
내려오고 싶다
내려올 수만 있다면

욕구

밤을 깨우는
웅크린 욕망
대단히 거칠고
대단히 투박하다

더 이상은 들리지 않고
그것 이상 보이질 않는다
새가 보기에도 참으로
단순하고 빈약하다
그래도 올곧다고 생각하는
반란과 규정

저주와 파멸이 치솟는다
용서와 사랑이 욕구와 대치한다

저주할 것인가, 용서할 것인가
엄청난 세기로 분출되는 조각들

결말은 대체 어떻게 날 것인가?

가스라이팅

주인이
비난과 명줄을
조여 오는 압박과
자유를 이야기하며
인적이 드문 철창에다
나를 가두었다

무엇이 옳고
무엇이 그름인가
숲의 한가운데서
한 짐승의 울음만이
적막을 깨뜨리고
곧
양지를 포함한 모든 음지가
내 것임이 선포된다

이른 아침, 날카로운 잎사귀

싹을 틔운다
주인이 다가와 다정히 속삭이길
-넌 광인의 자식이야
그래…
나는 광인의 자식이다

갑작스레 내려치는 소나기
갇혀 있던 철창 속으로
냉기 품은 물줄기, 손을 뻗는다
지배당한 육신
세찬 비바람은 온몸을 감싸안는다

주인이 자리를 비운 사이
누군가가 철문을 열어젖히며
가능한 한 빨리
아주 멀리 달아나라 소리친다

나는
철문을 나와
가능한 한 빨리
아주 먼 곳으로 도망쳤다

해고

힘들겠지
비현실적이니까
이런 날이 올지
너도 나도 모른 채 살아왔으니

거하게 술을 마시고
해운대 밤바다에서 엄마를 찾아본들
바뀔 것은 없다.

그러기에 좀 더 붙들어 매었어야 했다
그러기에, 네 몸에 돋아난
그 악취 나는 사마귀들을
네 무딘 칼일지라도
힘껏 내리치고, 생살을 벗겨내며
고통만큼이나 질긴 유혹을 물리쳤어야 했다

날이 서지 않아도

칼자루가 짧아도
이것이 네가 가진 유일한 무기였음을

이미 다 지나가 버린 걸
이미 다 돌이킬 수 없게 되어 버린 걸
후회해도 아무런 소용이 없다

네 정원의 아름다운 꽃봉오리가 틀 무렵
서툰 낫질이라도 하며 매일같이 가꾸지 않은
네 몸에 흐르는 붉은 액체의 저주

꽃은 가꾸지 않으면 죽는다
사람도 가꾸지 않으면 쓸모없어지는 법

무덤 옆에 무덤이

넓은 어깨
포근하고 넓적한 손
가슴을 파고드는
찐한 속삭임
새끼를 울게 한
수컷의 이빨과 젖가슴은
갓 태어난 암컷을 손쉽게 불러들였다

주고받는 일깨움으로
잘 연마된 수컷의 연장은
잿물을 떨어트리며 있는 힘껏 땅을 파고든다
이기적인 움직임이 시작될 때
박혀있는 땅은 버텨내야 할 힘을 안다.

멋들어진 황금색 갈기에 가려진 시야
초원을 뒤흔드는 황홀한 부르짖음
비가 내리치고 땅이 질척인다

나비는 늪을 지나 얼른 숲을 향해 지나간다

주변을 돌아보니
냄새가 진동한다
썩은 짐승들의 시체 더미
앞다리의 겨드랑이가 썩고 문드러져 있고
뇌인지 모를 흐물거리는 그것이 머리를 뒤덮고 있는
늙은 사자의 주검이 눈에 들어온다

아무리 헤집어봐도
무리에서는 하나 쓸모없던,
버림받아 굶어서 죽어 간 흔적
그 옆에는 소도록히
제비 무덤이 쌓여 있다

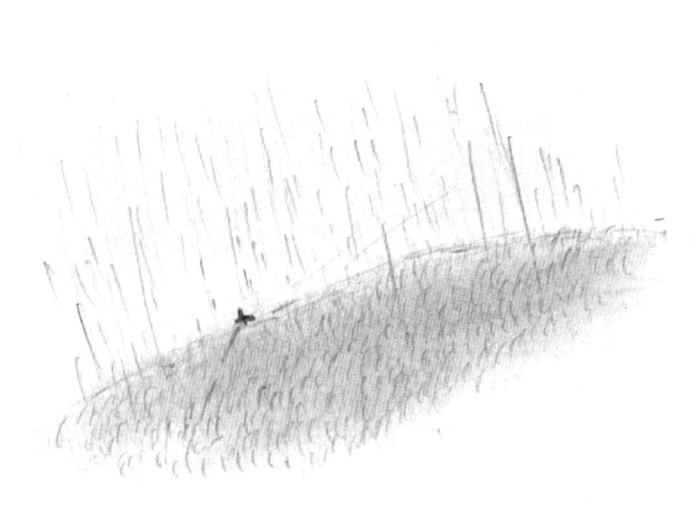

어둠이 멈출 때

내가 없어졌다
가슴팍 파고드는 쓰라림
역류성 식도염은 신내를 불러일으키고
혓바닥에 닿은 음식은 쓴맛에
음식을 거부한다
얼마간 곡기를 끊고
날계란 두 개로 매 끼니를 채웠다
살 만하다

애걸하던 남정네의 벌레 같은 사랑
머리카락 곳곳에 엉겨 붙어
괴롭히며 갉아 먹어도
가꿔오던 내 정원의 울타리는
아직도 든든하다
어제 죽고자 해도
오늘 살고자 하니
일이 축복을 내린다

〈

그런데 이것은 무엇인가

삐뚤어질 수도

끊어낼 수도

원망할 수도 없는 이것

작아질 수도

비대해질 수도 없는

기가 찬 이것

닭똥이 사람똥이 될 수도 없는 현실이다

초점이 없어지고

정신이 돌아오는 순간

내 사랑은 꽤 멀리 있었다는 사실

그것이 온통 어둠에 잠식되어 있었다는 사실

어둠이 웃고 나는 표정이 없다

나는 이 어둠을 빠져나가는 방법을 안다

어둠이란 놈은 이를 간과하고 있다는 슬픈 현실

반전이다

어둠은 결국 중징계를 받고 말았다.

견뎌야만 하는 이유 1

추웠고
더웠지
배가 고팠고
그것이 너무 갖고 싶었어

새 구두를 신었고
거위털 파카를 샀어

짝을 이루고
63빌딩의 뷔페를 먹고
에쿠우스 뒷자석에서
치마자락을 다독이며
사뿐히 내리던 그날,
왠지 모를 어색함이
감돌기도 했었지

또 다시 찬 바람이 불고

배가 고팠고
추운 날이 다시 시작되었어

비닐하우스 안
이랑의 길이는 까마득했어
그런대로 강아지풀
지렁이들과 놀며
호미질과 삽질을
무작정 했던 거야

굳어질 뻔한 허리를 펴고
밖으로 나와 보니-

아담한 집 두 채,
정원을 품은 채
나를 기다리고 있었어

미끼가 되어 하늘을 날다

너는 미끼,
나는 낚시꾼
굵직한 철근이 빠르게
몸을 관통한다
-치명상
뒤틀리는 만큼 싱싱하다
이쯤에서 캐스팅
포물선을 그리며
만족스러운 착수를 한다

차가운 세상
다시마와 미역 따윈 보이질 않는다
몸부림치는 고통만큼
탐스러운 미끼
새로운 세상 무리가
사정없이 물어뜯는다
오래지 않아

축 늘어져 숨통이 끊어진다

입질이 시원찮다
릴을 감아올린다
이런 젠장,
반이나 따먹혔네

곁에 있던 열 살 된 아이가 말한다
"엄마!
미끼를 끼울 때
바늘이 지렁이한테 얼마나 굵은지 알아?"

나는 답한다.
"걔는 죽을 수밖에 없는 운명이야. 미끼니까."

낚시를 철수했다
남은 미끼통은
수풀 밑으로 내던져 버렸다.
-어떻게든
살길 바래.

견뎌야만 하는 이유 2

그해 10월
서리가 여느 해보다 빨리 내렸지
작년, 재작년과 마찬가지로
마치 연중행사처럼 올해도 자정 무렵
아버지의 불호령에 불려 나갔어

새벽 네 시까지 이어지는 밤샘 작업
언니와 나는 채 피지 않은 국화꽃 밑둥을 자르며
유난히도 추운 초겨울 추위를 견뎠어야만 했어

그런데 생각해보면
아버지랑 함께라서 다행이었어
살아계셔서 불호령이 나왔던 거야

그해 11월 27일
두 아이가 행방불명이 되었어
여섯 달의 수사 끝에, 아이는

엄마의 품으로 돌아왔지

오직 법만이 아이를 찾을 수 있던 유일한 시기
여섯 달의 시름을 날계란으로 견뎠어
그 시기 신경안정제가 없었다면
그 숱한 낮과 밤을 뜬눈으로 지샌 나머지
그날밤 희미해져 가는 영혼의 무게를
잡을 수 없었을 거야

영하 13도의 추위
그날이 특별히 기억에 남아
폭설이 내린 며칠 후라 영등포 거리가
온통 눈과 얼음으로 꽁꽁 얼어붙어 있었지
정말이지 이런 추위는
그해 10월 이후 처음이었어
나는 서둘러 영등포경찰서로 가지 않으면 안 되었어

법은 결국 정의의 편에 서주었지

오늘 저녁 아이들과 갈비탕을 맛있게 먹었어
그게 12년 전 일이라 지금은 심지만 남았어

자각

2022년 3월 23일
어느 낯선 날
나, 그때 남겨진 것을
나, 그때부터 하루살이가 되고,
외톨이가 되어 버린 것을
나 너에게 말하지 아니한다.

2013년 11월 27일
곰이 이르길
"너의 미래는 없다."

2021년 2월 15일
가면 쓴 양치기 소년이 말하기를
"나, 너에게 미래를 주리라."

그때는 어린 새,
지금은 훌쩍 커버린 어른 새,

돌아가신 할머니 새가 이르길,
"아가, 누군가 미래를 말하거든
반드시 그냥 지나쳐야 한단다."

올곧게 살 수만 있다면
단 하루만 살아도
윤기 나고, 탐스럽게 광택을 내며
다가올 마지막을 마중하리라.
그리고 이 말 하며 손잡고 싶다.

"너도 그런대로 고생하며 찾아왔구나."

2부
이별

고해성사

나로 인하여
나로 말미암아
한이 맺힌 채
세상을 떠도는구나
되돌아가 그 시간
멈출 수만 있다면

미련함을 인정한다
철없었음을 인정한다
틀렸음을 인정하고
무지했음을 인정한다
모든 잘못을 짊어지고
엎드려 사죄한다

보이지는 않지만
닿을 수도 없지만
차가운 시공간

견뎌냈을 우리 아가
차마 보듬지 못한 죄
어찌 말로 다하리오

저승길에 너를 찾아
포대기에 고이 안고
자장가 부르며
다음 생애엔 영원토록
살 수 있기를

떠나버린 지갑

바싹 마른 식도에
몇 방울 물이라도 넘겨봤으면
곡기 끊긴 헛바닥에
밥 한 수저라도 얹어봤으면

육체의 거부에 쇠약함은 속절없고
관절이 출렁이고 뱃가죽이 들러붙는다

무르익던 어린 날엔
소중함을 몰랐고
지루했던 행복이라
내 것임을 과신했다

도착이 늦었고
깨달음이 늦은 탓
앞섰고
무지했고

교만했었다

지갑은
더 이상 문을 열어 주지 않았다

무지의 종말

설레고
두근거렸던
사계절의 아름다움은
정체를 알 수 없는
어둠에 조각나 버렸고

처음이라 서툴렀던
무지의 속삭임은
알 수 없는 늪으로
나의 손을 이끌었다

희뿌옇게 보였던
보석 같은 시간들은
담지 못한 그릇의
회한으로 남아 있고

현재의 간절함은

과거의 추억으로
슬프도록 사뿐히
내려앉아 있구나

마지막 날

너는 외로움이라 했다
나는 믿음이라 했다
너는 너대로
나는 나대로
서로 다른 정원으로 돌아가길 원했다

감은 무르익어 바닥에서 터지고
밤알도 내려앉아 이곳저곳에 나뒹군다
침묵했던 시간
흐트러트린 바람에 고개를 든다

감격스런 마음으로 네 사랑 속 미라를 들었지
맑았던 갈색 눈은 참으로 총명했고
안타까운 순간은 우리를 동여매지 못했다
약속은 닿지 않는 너와 나의 무지개
그렇게 소원은 소원인 채로 임종을 맞아 버렸다

저물어가는 석양을 바라보며 귀갓길에 울리는 말
"너의 미래는 없다."
…

내 믿었던 그대여
-나의 미래는 없지 않아요

요양병원

감염병의 여파로
봄과 여름을 지나
8개월 만에 면회였다
뙤약볕 아래
구릿빛의 젊은 날의 아버지는
야위어진 몸으로 앉았다 일어섰다
굽이굽이 걸음을 옮기고 계신다

지나간 고갯길처럼
주름진 혈관마다
송이송이 맺힌 시간들
"아버지, 백 살까지만 살아 주세요."

빛이 없는 곳에서
눈물 훔치시던 아버지
빛이 있는 곳에서
웃고 계실 나의 아버지

〈

아흔 해를 살아오시며
얼마나 고단하셨을까
아들, 딸들이 오는 날이면 화색 띤 얼굴로
"이쁘다, 이쁘다."
언제까지 이 목소리 들을 수 있을까
"아버지, 오래만 살아 주세요."

욕쟁이 아버지는 딸들에게 가혹하셨고
한여름 농사일은 지지리도 고되었지
오늘따라 코로나로
비닐을 사이에 둔 면회가 원망스럽다

효심 짙은 딸은
귀가 들리지 않는 아버지를 향해
핏대 세운 벌건 얼굴로 안부를 여쭙는다
"아버지, 다른 걱정은 하지 마시고요,
제발 오래만 살아주세요."

오늘따라 더욱 살가운 아버지의 목소리
이별이 머지않은 사랑의 속삭임인가
내 안에서 솟구치는 굵직한 용오름은

영원을 갈망하는 사무치는 소원인가

애써 솟구치는 감정 짓누른 채
매번 살뜰히 같은 말을 건넨다
"아버지, 요즘은 입맛이 어떠세요?
오늘 저 옷 이쁘죠?
아버지, 밖에서도 별로 재미없어요
그냥 오래오래 살아주세요. 아시겠죠?"

말이 없으신 아버지
오늘은 두 딸만이 말을 건넨다
"아버지 오늘 날씨가 너무 좋아요
햇살이 진짜 눈부시네요
다음에 면회 풀리면 우리 산책하러 가요
아버지, 꼭 오래만 살아주세요 아셨죠?"

아버지의 눈가에는
알 수 없는 물기가 맺혀 있었다
오늘따라 더욱 말씀이 없으신 아버지
우연히 눈에 들어온
아버지 옆 침대의 명찰 같이
부산히 움직이는 간호사는 손길

좀 더 빨리 눈치챘더라면…
오늘도 헤아림이 너무나 부족하구나

살아 계신 날 유품 정리

그 해도 피었을 곱디고운 단풍나무
바싹 마른 줄기 사이, 붉은빛 머문 채 바람에 흔들린다.
바깥 베란다 구석 녹슨 카트는 몇 년이나 흘렀는지
빛바래고 벗겨진 채 비 맞아 얼룩져 있다
빛바래 쓰레받기도 카트 안에 들어가 있다

십대 시절 보았던 그가 흰머리가 되어 잠시 들렀다
이내 바삐 되돌아가는 발걸음을 재촉한다
후진하고 세우기를 반복
12월의 따뜻한 햇살을 안고 서둘러 빠져나간다
저마다 바쁜 걸음 목적지를 향한다

한세상 살다 한세상 저물어가는 아버지의 세간살이
오늘은 오늘이 마지막임을 안다
그래서 오늘을 눈 안에 꼭꼭 새겨둔다

종량제 봉투에 유품이 들어간다
꼭꼭 다지고 또 눌러 담는다
굼뜨지 않게 또는 이물질이 들어가지 않게
부단히 구석구석 빈 곳이 생길세라 다듬질한다

움직이는 손가락 하나하나 영원한 이별을 예고한 채
우선은 대용량 비닐봉지 안에 살아 있을 것이다
이따금 당장 사라질 유품들은 비닐 밖으로 과감히 제쳐진다
가져갈 수 없다
끊어내야 한다
어쩔 수 없다

고개를 드니 아파트 외벽 도장을 하느라
분주히 매달려 움직이는 인부들
낡을 대로 낡아 매번 거슬렸던 페인트칠을 이제서야 하는구나
3년 전 이 집에 살고 계실 때
조금만 더 일찍 칠해졌더라면

아쉽지만, 혼자 사는 세상이 아니다
다만 이제라도 아파트가 생기를 찾게 되니 다행

오늘 이 정든 집과 마지막일지라도
또 다른 이들은 또 다시 이곳을 왕래하며 행복할 것이다
아버지는 떠나실 준비를 올해 일월에 하셨단다
오래도록 남기고 보고 또 보고 그리워할 우리 아버지 집

세상 어느 것 하나 영원한 것은 없다는 걸 알면서도 붙잡고만 싶다
나의 노년도 특별할 것이 없다는 걸 알면서도
이십 년을 마주하며 절해왔던 안방 검은 자개 농짝을 애써 한 블록씩 저장해 둔다

만물의 생동과 사라짐은
시간의 한점일 것이라는 생각과 또 다시 마주하고
언니의 표정에서
살아있는 유품과 힘든 이별을 하는 심상을 눈치챈다
거부할 수도 돌이킬 수도 없는 힘듦이다
돌이킬 수 없는 것은 돌이킬 수 없도록 돌려준다
위로하고, 체념하며, 순리를 따라야 한다

시간 앞에서 우리는 너무도 나약한 존재임을

나의 경솔했던 모든 중추신경은
처절한 패배를 맛본다
각성은 각성을 불러일으켜
또 다시 집착으로 매몰된다
오늘은 2021년 12월 30일
내일은 업자가 와서
남겨진 모든 짐을 빼고 폐기처분할 것이다

아직 살아 계신 아버지의 세간살이 정리하며
내 아버지의 공간이 내년이면 91세가 되실 터인데
사파동 집을 가슴속에 묻고 돌아가는 열차

차창 밖은 여전히 푸르고 푸른데
나는 먹먹하고 가장 나약한 시간을 맞고 있다.

영안실에서

굳게 다문 입술
고운 선은 사라지고
선명하던 눈매는
주름에 싸매졌네

왕년의 어깨는
오발의 상흔으로
천하의 기세는
사지의 무사함으로

맞지 않는다던 그 옷
남겨질 이를 위한
또한 나를 위한

이제는 명분도
사제 옷도
더는

필요치 않네

발인 후

눈부시게 파랬다
하늘이 너무 맑아
홀로 탄 택시 속 조수석에서
무심히 사진을 찍어 댄다

오늘따라 황망하고
오늘따라 기가 찬 하늘이다
택시 안 공기가 어지러워 순간 이마를 감싼다

시계는 돌아가고
생명도 돌아간다
나의 시계는 어디로
나의 생명은 어디로 갔나

택시 안은 고요하다
아주 오래전부터
되뇌고 망설이던 그 말

그놈이 이제서야
고개를 치민다

단 한 번도 못 했던 말
평생의 한마디
사랑해요
사랑해요
이 세상 그 무엇보다
사랑한단 말이에요

내 절규하는 사랑이여
내 사무치게 보고 싶은 사람이여

너를 추스르며

삶도
죽음도
내 것이 아니었다

너는 새이기를
나는 바람이기를
소망은 갈대처럼 휘청이고
슬픔은 갈라진다

지루한 시간
이제서야 네 품에 안긴다

그대의 사랑이
뿌리 깊은 사랑이기를
별이 베푸는 잔치에
곪은 상처 치유되고

파고 없는 시간
흐름 없는 강
별은 흩어지고
바람은 맴돈다

변한 것이 없는데
변할 것도 없는데
찰나의 순간
포대기에 싸 담아
그대 가는 길목에
비로소 올려놓았더니

내 아이가 보인다
환청이 들려온다
아차,
인공관절
어머니가 수술하셨지

어른 새끼

이 아픔 아시는지 모르시는지
이 텅 빈 시간 아시는지 모르시는지
의지할 곳 없고 기댈 곳 없는
부를 길 없고 물을 곳 없는
어른 새끼의 외침을 아시는지 모르시는지

아무거나 사 오라던 그 말씀이
막무가내로 재촉하던 그때의 꾸짖음이
마지막 부름이란 걸 미처 알지 못했네

배고프다고
아프다고
춥다고
외롭다고
말 한마디만 하셨더라도

단 한번 연락도 없이

떠나버린 애달픈 사랑이여
남겨질 응어리 따윈
단지 운명이라 하셨겠지

매일 밤 같은 달
매일 아침이 같은 해
어둠은 끝없이 차오르고
해는 덧없이 저무는데
그러다 돌아오시면
또 다시 호통치시겠지

무슨 쓸데없는 생각을 하고 있냐고
무슨 말 같지 않은 소리를 하고 있냐고

나는 어쩌라고
당신은 왜 이러셨냐고

무덤 앞에조차
목 놓아 울지도 못하고
이쁘다 이쁘다 하신 탓에
이쁜 옷 차려입고
헤헤 웃으며 재롱떠는

이 어른 새끼가 보이시냐고
어디 한번 벌떡 일어나서
호통이라도 쳐 보시라고

안부

사랑하는 아버지
그동안 뵙지 못했어요
뵈면 웃지 못할까 봐
뵙게 되면 왜 그러셨느냐 원망할까 봐

흔들어도 눈뜨지 못할
데워도 데워지지 않는 내 아버지
비닐 아래 숙주가 사라진
하얗고 고우신 얼굴
한번 더 만져 보려
그 낯선 방을 몇 번씩이나 드나들었지요
그때처럼 몰래라도 엿볼 수 있다면
먼지가 되기 전
당신 손 한번만 더 만져 볼 수 있다면

오늘도 그립니다
당신이 가장 사랑했던 딸이 소식 드려요

-저 잘 지내고 있어요
그런데 아주 조금 힘들어요.

늦은 정리

이제는 뜨겁게 타오르지 않아
이제는 격한 파도에 휩쓸리지 않아
핏대 세우며 눈을 부릅뜨거나
시시각각 불어오는 모랫바람에
눈물 흘리지 않아도 돼

그런데
나,
아직 타고 있는 것 같아
더 이상 불길이 번지면 안 되는데
꺼지지 않는 불씨,
무슨 수를 써서라도 꺼뜨려야 하는데
주옥같은 추억과
황홀했던 기억들이 봉인되어야만 하는데

정동진 해맞이도,
수치에서 끓인 라면도,

부드럽던 손길과
향기롭던 네 향기마저
맹지를 찾아 파묻어야 할 텐데

아차, 이건 버리지 말아야지
아까운 놈이 있네
몇 알을 골라 체에서 건져 낸다

이번에는 하나 가득 담아 보자
아, 여기도 아까운 놈들이 있네
요건 남겨 보자
다시 골라 담은 알갱이가
시퍼렇게 웃고 있다

아차, 잊었구나
초월이란 없었지
나는 웃고 있던 알갱이들을
멀찌감치 죄다 던져 버렸다

초기화

줄 것도
받을 것도
생각할 것도 없다

처음부터 없었던 것
남길 것도 없었던 것

그랬구나

그랬구나
이 말 하며 안심시켰지
다가갔더니
물어 버렸어

악어의 입이
어미 사슴의 주둥이를 물고 있을 때
맑고 큰 눈을 가진 어미 사슴은
닥칠 죽음보다
저만치 거리에서 기다리고 있던
두 마리의 아기 사슴을 떠올렸던 거야

얼마나 버텼을까
어미 사슴은 주둥이 반쯤을 내어 주고는
겨우 뿌리치며 숲으로 내달릴 수 있었어
한참을 돌아 아기 사슴들을 만났고
놀란 가슴 쓸어내리며

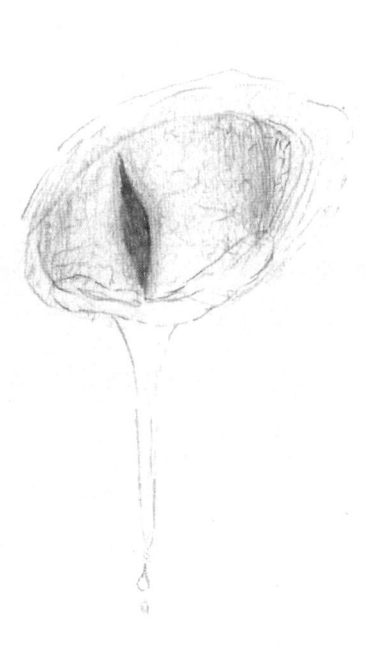

다시 저 만치 강 언저리를 돌아보니
악어는 흔적 없이 사라지고 없었어

강물은 소리 없이 흐르고,
나뭇가지 하나 떠내려가고 있는 게 보였어
그때 차마 말을 듣지 말았어야 했어

그랬구나-
악어의 눈물

어미 사슴은
아기 사슴들에게
악어의 눈물에 대해 이야기해 주었어

사랑 그리고 이별

당신은 겸손하고
햇살처럼 따뜻했어요

힘주어 말하던
수치에서의 주름
내다 버릴 감정들이 꿈틀댄다며
감미롭게 움직이던 손짓
언제나 변화를 꿈꿔왔다며
결의에 찬 눈빛도-
당신이 머무는 어두운
넝쿨 속으로 나를 이끌었죠

나는 해일을 일으키는 바다
당신은 늘 나를 불러 흔들었죠.
나는 당신의 바람에 파도를 일으키고
당신의 세찬 강풍에 온몸이 휘감기며
우리는 매일 밤 속삭이며

우리들의 모래성을 쌓았죠

당신이 가져오던 모래알로 집을 짓고
당신이 품고 있던 새들과 먹이를 나누더라도-
불안과 공포의 넝쿨을 지나
새로운 세상에서 함께 하길 약속했죠

어느 날, 두 덤프트럭이
우리들의 해안에 찾아왔어요
채석된 자갈들을 해안가에 쏟아부어
뾰족한 돌과 바위 조각들로 넘쳐났죠

당신의 섬은 금빛 사장과 짙푸른 초록인데
낯선 덤프트럭은 해변을
거칠게 물들여 놓았네요

파도는 아프고, 바다는 슬퍼했어요
우리들의 모래성은
어느덧 무너져 내리기 시작했죠
꿈은 멀어져 가고
함께 놀던 수풀과 바다는
돌아오라 손짓했어요

당신은 숨죽인 알 수 없는 바람
나는 나의 바다로
돌아가길 원치 않았죠

아무런 말 없이 당신은
당신의 동굴로 바람을 휘몰아치며
돌아가 버렸어요
홀로 남겨진 나는
나의 바다로
돌아갈 수밖에 없었어요

3부
사랑

잠시 인사를

아프다
발이
음성과 마곡, 천안을 들러
마침내 이대에 이르렀다

한참을 지나
이제,
흐르는 강줄기를 잠시 막아놓고
다시 연결

서울역이다
이제
아산을 들러
다시 천안을 가야 하고
내일은 죽전으로 향한다

나를 길러준 세상에 감사하다

나를 키워준 은사님들께는 더욱 감사하다

대견스러운 나

그분들 앞에서는
너무 작은 나

산양 사랑

너를 산양이라 말할까
산양 같은 발굽으로
미끄러질 듯 미끌어지지 않고
배고파 쓰러져도
육식하지 않는 너를
산양이라 부르련다

내 풀을 먹으며
나의 풀이 나 있는 자리 찾아
제아무리 힘들어도 평지가 아닌
험하디 험한 바위산 고운 풀을 찾는다

무리의 리더로서
무리를 이끌며
무리를 지키기 위해
오늘도 새로운 바위산 찾아
끊임없이 헤매어도

나의 힘듦은 힘듦이 아니다

그런 너를
그런 산양 같은 너를
사랑하지 않을 수가 없구나

해맑은 미소에게

나도 그런 날이 있었어
너처럼 해맑게 웃던 젊은 날

해운대 이별 후,
다시 돌아갈 수 없으리라 생각했어
근육이 소진되어 너에게 간다면
다시 집으로 돌아올 힘이
내게는 없었던 거야

그래도 다행이야
네 눈을 만날 수 있어서
너를 보면
나도 예전처럼
그렇게 해맑게 웃고 있는 것만 같아서

그래서 포기하지 않는 내가
지금 놓으려 하는 것이 있어

그것은
네 눈 속에 비친
내 어지러운 기억들
그리고
네 눈 속에 비친
내 잘라버릴 빌어먹을 실타래들

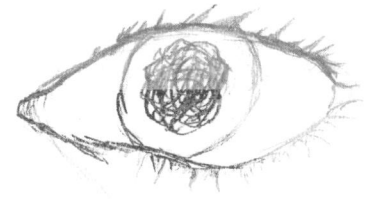

향기 없는 꽃

붉은 꽃망울이여
내 떨리는 숨결과
느리게 노 저어 가는
내 초조한 사랑을
나의 어린 새에게
살며시 전해주기를

내 작은 유리병 속
공기 없는 세상
내 작은 공간 속
바람 한 점 없는
내 밀폐된 세상일지라도
나 그대 향한
못다한 마음
아름드리 담았음을

사랑하는 나의 새여

그대 뿌리는
홍채 꽃잎 가루로
내 붉은 꽃잎이
기지개를 켜는 무렵

그대 번잡한 시간일지라도
그 순간만큼은
나의 향기 담아둘 수 있게
부디 두 눈 감지 말아주오

촉수들의 기도

내 보잘것없는 촉수로 인해
당신이 초라해 보일지라도
내가 가진 유일한 당신만은
내 곁을 지켜주었으면 해요

내 나약한 촉수가
당신을 번거롭게 하더라도
도움을 청할 수 있는 곳은
당신뿐이기에,
모쪼록 나의 소리를
귀찮아 여기지 말아 주었으면 해요

내 쓸데없는 촉수들이
당신 일을 방해할 때도
당신만은 나를 응원해 주고
하던 일 멈추며
자상하게 타일러 주었으면 해요

〈
나는 쓸데없는 촉수투성이로
이름 없는 골짜기에서 태어났지만
당신의 바다를 향해
오롯이 나아가고 있네요

감춰진 비밀

화성과 금성
우심실과 좌심실
너의 뇌와 나의 뇌

너의 심장과 나의 심장

너는 여러 방이라 한다
나도 여러 방이라 한다
너는 전리품을 이야기한다
나도 전리품을 이야기한다

나는 내 갈비뼈에 대해
너는 네 갈비뼈에 대해
우리는 끊임없이 주고받으며
서로를 탐닉한다

그런데-

여러 방을 가진 너는
하나밖에 없는 나의 방을
열 수나 있을까

벙개

갈라진 틈새를 함께 메우고
익숙한 소리와 시간을 주고받는다

변함없는 흔들림
소리 없는 파도

부는 훈풍
나뒹구는 낙엽
부는 바람에 바가지 하나가 쓰러진다

늘 결심하지만-
도대체 시집은 언제 낼 생각이냐

아이의 기침 소리
며칠째 목엔 가시가 걸려 있다
어제 무임 진료를 예약했다
회신을 기다리는 중이다

〈

오늘 나는 그에게
새로운 신발을 선물해 주었다

차이

난 너 하나인데
넌 나 하나 아니잖아

압박

나를 더듬지 말라
지구는 분명
사막으로만 둘러싸여 있지 않다

네 두 눈은 분명
이마 아래 조응 붙어 있어서
뒤를 볼 수도
옆을 볼 수도 없다.

좁은 몸통 안에서
비를 맞아도 젖지 않는 달팽이여
너는 여리기에 강할 수 있다

다만-
네 정원의 친구들을
모두 헤아리려 들지 말라

나는 달팽이가 아니야
나는 여치도 아니고
나는 사마귀도
그렇다고 참새도 아님을

나는-
나는,
자유를 갈망하는
그저 평범한 나비일 뿐이라고.

생각 둘

끝난 사랑이 있고,
끝나지 않는 사랑이 있다.

다만
내 사랑이 아직 끝나지 않았다는
그 사실 하나만으로도
나는 몸서리치게 안도한다.

사랑

깨지고 허물어진
너덜너덜 찢어져
조각난 감정 속에
사랑이 화해를 품고 있다

사랑했다
사랑한다
사랑을 서약한다

사랑은
상처투성인 채로
여전히
사랑이란 걸 하고 있다

넌 뭘 해줄 수 있는데?

은인이 계십니다
과거, 은인이라 착각한 분도 계셨죠
그는 갈색 눈동자로
그렁그렁한 사랑스러움으로
한껏 나를 바라보았고
그런 눈빛으로 뜨겁게 나를 어루만졌죠

그런데 말입니다
두둥-
흐흐, 그런데 말입니다
두둥-
어느 순간, 그 눈빛이 혼탁해지며
까만 눈동자와 흰자위의 경계가
서서히 사라지기 시작하던 어느 날

"자, 보냈어
당신은 나에게 뭘 해줄 건데?"

순간, 머릿속에서 거친 파도가 일렁거렸습니다
송곳이 머릿속에 내려꽂히는 느낌이었어요
저는 이윽고,
"가진 것이 이게 전부라…"라고 말하였습니다
어쨌거나 제 손에 든 건
이게 전부였기 때문입니다

왜,
어찌하여 그대는
나에게 친절을 베풀고
무엇을 줄 것이냐 물어왔던 걸까요?
그대,
어찌하여 나에게 이러한 질문을 할 수밖에 없었던 것일까요?
나는 그대의 마음을 도무지 알 수가 없습니다
아니 어쩌면 알기를 바라지 않습니다

시간이 멈추고
시간이 지나갑니다
나는 채널을 돌립니다
그리고 채널의 전송을 기다립니다
차츰 어둠은 내려앉고

평온이 주변을 에워싸네요

나의 또 다른 은인이 다가옵니다
나는 손은 내밀고 그와 함께 산책을 합니다
바람의 방향이 바뀌는 걸 느껴요
그가 다가와 속삭이며 말해 주네요
일본 문학작품 이야기인데
부락 출신 교사의 비밀스런 이야기를요

그는 언제나 한결같아요
그는 언제나 거짓됨이 없었죠
세상의 모래사장은 온갖 것들이 섞여 있네요
심판관도 모래 속에 뒤섞여 뒹굴고 있어요
젖은 모래
젖은 이파리가 법복에 묻은 채로
무고를 심판하네요

슬픈 고백

휘둘리지 않고, 더럽혀지지 않는 영혼을 위해
끊임없이 털어내고, 씻어내며, 회개하고, 참회하며
세속에 물들지 않으려 타협하지 않았어요

세월이 흐르니,
구름과 들판 가운데서 관망하며
언제든지 비상하고, 언제든지 거닐 수 있다는
자신감도 생겼어요

님은 제 마음을 온전히 갖지 못하셨는데
저 또한 님의 마음을 온전히 얻지 못했죠
그것은 다름이고, 차이이고, 거리라 여겨집니다

사랑은 사랑 그 자체여야 하며
그것만이 보여요
사랑은 계획되지 않고
사랑은 무조건적이며

사랑은 헌신적이네요

사랑은 때론
모진 시간과 괴로움을 주지만
사랑은 가공할 만한 에너지를 주기도 하죠.
이러한 마음은 너무 커서
죽음 앞에서도 행복을 느끼고
두렵지 않은 카타르시스를 느끼게 해요

사랑하는 주군의 품 안에서
그가 찌른 단도로
서서히 행복하게 죽어가는
여인의 마음을 아시나요?
제가 품는 사랑은 슬프지만
사랑은 사랑인 채로
끝이 나네요

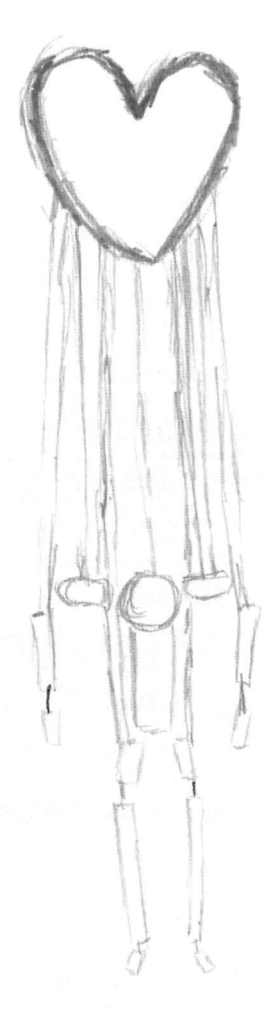

애초에 없었던 것

초월적인 사랑

나만 바라보고
나와의 약속을 지키며
초지일관하고
초심을 잃지 않고

변명도 없고
그런 마음으로 둘이서 사랑을 하다
더 충실했던 쪽이
덜 상처받지 않는
그딴 사랑은 애초에 없었으니

사랑 따위

너로 말할 것 같으면
지금쯤이면 남해안 언저리서
루미나리에를 회상할 테지

나는 이곳 충청의 바다에서
모나미 정장을 걸치고
황금색 뺏지를 달고
지친 발걸음으로
애써 중심 잡아 가며
소녀를 심장을 구하고
영혼의 냄새를 씻는다

우리는 잘 안다
사랑 따위, 아무것도 아니었다는 걸

하지만 사랑이란
사랑으로밖에 설명할 수 없다는 걸

〈

내 아이가 알려준다

"Fly me to the moon"

아주 감미롭게 잘 부르네

신.기.하.다

4부
일상

끄적임

그해 내린 비
그해 먹던 사과
그해 나누던 대화가 그립습니다

아흔 해와 쉰의 밥상은
수저 모양 다듬어서 고봉으로 차려지고
각기 다른 하늘 아래
된장찌개 풍미는 깊어만 가네요

밭두렁 봄 냄새 한껏 맡으며
연둣빛 강아지풀 누비던 기억
지하수 펌프질에 물오른 기억

어둠의 그림자 수없이 드나들던
그날의 절망에도

-니는 그래도 할 수 있는기라

니는 보통이 아닌기라
니는 비상한기라

소중한 결핍

따뜻한 온수에 샤워를 하고
보리차 한 잔 위안 삼아 목을 축인다
거실 중앙 한 자리 낡은 소파는
그 옆을 지켜 온 빛바랜 사진의 오랜 동반자

차디찬 지하수
흙발 씻으며
고되었던 그날의
사무치는 그리움은-
지금은 볼 수 없는
젊은 날 아버지의 땀방울
젊은 날 어머니의 밭 일구던 머릿수건

LED 전등을 노안을 위해 바꾸어도
60V 전구 밑에 놀던
그 빛이 그립구나

애달프게 파고드는 유년의 그리움은
넓디넓은 비닐하우스에서 풀을 뽑던 기억
한여름 뙤약볕에 네트 치고 삽질하던 기억
된서리 내리던 시월의 늦은 새벽녘
국화꽃 자르며 언 손에 불어 넣던 입김의 추억

아부지, 저희 옷은 좀 입히고 일 시키시지 그러셨어요
그래도 사시느라 아버지도 많이 힘드셨죠?
괜찮아요, 지금은 오래만 살아주세요

가슴 저리는 갑작스러운 교감
수화기 너머 짓누르는 낯선 전율
바보 같은 소환
밀려드는 후회

내 아이가

내 아이가 어제
계란찜을 밀어준다
내 아이가 어제 처음
"잘 먹었습니다."라고 말을 건넨다

내 아이는 오늘 처음
행주를 빨아 식탁을 닦았고
내 아이는 오늘 처음
행주를 빨아 씻기까지 한다

낯선 물소리
아이가 주방 일을 처음 시작했다
마음이 아프고, 몸이 아프다

늦은 배달
치킨 날개 한 조각이
접시 위에 올려진다

갑작스럽고, 낯설고, 새롭다
누가 이 아이를
이토록 성숙하게 했던가

결핍은 성숙을 낳고
성숙은 어른을 낳고
어른은 아이를 낳고
아이가 행복을 낳는다
그럼에도 나는
왜 행복하지만은 아니한가

더욱 바빠진 엄마
더욱 외로워진 엄마
거실 공기가 차갑게 느껴지는 초겨울이다
낙엽이 나뒹구는 가로수 길을
오늘 처음 아이와 걸었다

번갈아 폴짝폴짝 뛰기를 잘하는 아이
아빠가 결혼을 한단다
화동 역을 맡아서 기분이 좋단다
살이 빠진 아빠가 멋져 보인단다
가능하면 늦은 나이라도

아이를 낳을 계획이라고 한다

엄마는 가만히 듣기만 한다.

연근조림

한 겹, 한 겹 벗겨내니
하얀 속살 드러나네

사각사각 드러누운
우윳빛 몸체

깨끗한 몸
온수 담가
먹색 옷 물들이고
커피 향 꿀물은
임을 향한 간청

굳을세라 물을 얹고
설익을까 불을 품고
고운 자태 다칠세라
이리저리 돌려 눕네

딸짝딸짝 소리는
밤새는 줄 모르고
자다 깬 아이는
연근 보며 미소 짓네

두꺼비집

스위치를 내린다
모든 것이 멈춘
낯설고도 익숙한
원초적인 아늑함

고요하고 평화로운
자궁 속 이 느낌은
돌아가고 싶은 고요
잊고 살던 고향

찰나

찰나다
찰나가 영원하다
찰나가 이어져 있다

찰나에 종종
우린 무언가를 한다
찰나로 결정된
찰나로 이어져 온 운명으로
때론 힘겹게
때론 벅차게
때론 흥겹게
살아가기도 한다

퍽퍽한

아버지는 사느라 퍽퍽했고
딸은 놀지 못해 퍽퍽했다
어머니의 다 살아온 삶이 퍽퍽하고
십 년간 신다 닳은 운동화가 퍽퍽하다

퍽퍽해서 이롭고
퍽퍽해서 그립고
퍽퍽한 삶이 고되다
퍽퍽해도 살아야 한다
내 아이는
아직 놀지 못해 퍽퍽해하니까

상담사의 하루

나의 하루는
너를 위로하는 일
네 시간을 보듬는 일

녹을세라 접힐세라
쓸어주며 도닥이며
너의 체온에 맞게
다려 주며 물 뿌려 주는 일

희뿌옇게 보이는 하늘일지라도
저 언저리쯤 달이 있고
이 언저리쯤 해가 있음을 일러주면서

해마다 내리는 봄비가
그날의 봄비가 아님을
해마다 물드는 단풍도
그날의 그 단풍이 아님을

지극히 쉽도록
알아차리게 하는 일

기댈 곳 없이
한 걸음 내딛기 힘든 삶일지라도
네 아끼던 봉제 인형이 되어
너와 함께 손잡고 걸어가 주는 일

캐스팅하며

죽어야 할 이유
살아야 할 이유

너는 미끼,
나는 낚시꾼.

낚아서 먹을 것인가
죽어서 먹힐 것인가

관통되는 치명상
밀려드는 미안함

허공,
파고드는 소금물

긍정의 힘

바람 탓이라
원망하지 마라
비 탓이라
털어내지 마라

바람이 불어
운동화를 말렸고
비가 내려
어장을 살릴 수 있었다

바람은 돛을 밀고
비는 바위를 적셨을 뿐
바람을 피하는 것도
빗물을 가두는 것도
생각하기 나름

거부

갭투자,
돈 많이 벌려고 창업
자본의 중요성을 강조하는
복잡한 세상
사업계획서 잘 쓰는 사람
"왜 창업을 했냐?"
이쯤 되면 주식이 빠져야 하는데

그 사람은 그걸 받아줄 사람이 아닌데
그건 당신 생각이고
"세 개를 해야 한다. 내가 왜?"

시나리오,
정치,
부탁,
청탁.

무엇을 위한,
누굴 위한 박수인가.
형식을 빌린 개살구.

"이런 것도 하냐?"
그게 진심으로 궁금했던가?

극도로 싫어하는 것들-
조건, 이유가 달린 것들

풀이 좋다
나 진짜
쑥 캐러 가고 싶다.

서간문

사○○○의 파트너이자,
동반자이신 ○○○ 대표님께.

강도가 높고
치밀하고
실수가 있어서는 아니 되는
평가집단의 퍼즐을 맞추는 일은
매우 높은 집중력과
위험 요소를 수반하는 일임을
잘 알고 있습니다

세상이 생각만큼
촘촘하지 아니하고
세상이 생각만큼
예의를 갖추지 못할 때가 있습니다

실망스럽고

뜻대로 아니 될 때가 있습니다
대표님께서 힘주시며
'아니야' 라고 말씀하시지만
범○○○ 그룹맨으로서
언제나 빈틈없이 일하시는 모습에
깊이 존경을 드립니다

대표님
진심으로 응원합니다
어떠한 상황 속에서도
부디 힘내셔야 합니다

아침을 명상하며

09시 50분, 수서행 열차를 탄다.
종착지는 양재.
우리의 길은 다르지만
늘 산과 바다와 하늘을 함께한다.

매일 물었고
매일 묻고 싶은 말-
"우리, 언제 만나요?"

소리의 자극,
절제된 형태의 음운은
껍질이 벗겨진 채
끓어오르는 용광로에 흡수된다

이제는 익숙한 소리
나는 또 묻지만
헤아림은 침묵으로 내려앉고

강렬한 그리움은
같은 질문으로 되돌아온다-
"우리. 또 언제 봐요?"

여우, 참다랑어, 도요새를
매일 마주하고 싶다-

산과 바다와 하늘을
매일매일 당신과
함께하고 싶은 탓이다

하루살이의 마음

수저를 챙기고
물을 먼저 따르고
일상의 의전을 뒤로한 채
기꺼이, 겸손한 진심을 보이네

밥을 먼저 비벼서 선네주거나
예정된 시간들을 먼저 알려주거나
궁금해할 마음들을 살뜰히 챙겨주고
바쁠 것 같아 헤아려 연락하지 않는
"바빴냐"며 단조로운 듯 정성 어린
따뜻한 마음 조심스레 보내주는

말 한마디 놓치지 않고 들어주고
나보다 더 바쁠 것 같다며
시간 쪼개 달려와 주고
T를 F로 변경하며
일부러 지지않는 꽃을 사

마음의 팻말을 꽂은 채 건네주는 당신

미처 빠트린 물건을 예쁜 상자에 고이 담아
조용히 또는 너무 늦지 않게 두 눈에 넣어주고
커피를 타줄지 먼저 물어봐 주고
가리고 돌리는 부끄러움도 키워 주고
아무렇지도 않은 척 안심시키는
마냥 속이 깊은 당신
그렇게 초조함이 일렁이는 듯 보였지만
그것은 새가 보지 못한 판단 착오

네 산이 아닌,
내 산만을 온통 걱정하던 속 깊은 여우
새와 같은 마음으로
두고 가는 마음만을 오로지 생각하던 여우

너 지금 혼자인 거니?

미묘한 떨림
지금과는 다른 소리
태생부터 없었던 향기는
온몸에 돋아 있는 솜털만큼이나
부들거리는 촉각들과
예민한 감각들도 하늘거린다

오늘 이 소리는 그날 못다 한
세속의 소리
움츠리고 날갯짓하던
수줍어하던 바람의 소리

불안과 주저함에
고개 들지 못하고
세속의 바다는
노 저어 가는구나

아무것도 아닌 시간
고귀한 시간 만들고자
이리도 저녁 무렵
모이를 쪼았구나

그래서 빨리 양을 채우고
늦은 저녁
바람 맞으러 내달렸구나
"충무김밥 먹었나요?"
"아니요, 돼지국밥 먹었어요."

나는
아웃사이더,
너는
주류

비상을 꿈꾸는 나비가 날개를 파닥이며 부르는 노래
— 김미호 시인의 첫 시집에 부침

이 시집을 읽는 미지의 독자에게

 안녕하십니까? 저는 시도 쓰고 있지만 평론 활동도 간간이 하고 있는 이승하라고 합니다. 지난해에 문예지에 투고된 시 작품을 심사하게 되었는데 아버지를 막 여의고 나서 쓴 몇 편의 시가 너무나 애절하고 감동적이라 당선작으로 뽑았고 심사평도 제가 썼습니다. 이런 인연으로 김미호 시인(본명 김미경)의 첫 시집 해설을 쓰게 되었습니다. 소박한 감상문에 지나지 않을 제 글이 이 시집에 누가 되지 않기를 바랄 뿐입니다.

 1부에 있는 15편 시의 소제목이 '생존'입니다. 학업을 닦으면서, 학업을 마치고 이른바 '일'이라는 것을 하게 된 김미호 씨는 커리어 우먼이라고 해야 될까요,

이승하 시인·중앙대 교수 | 해설

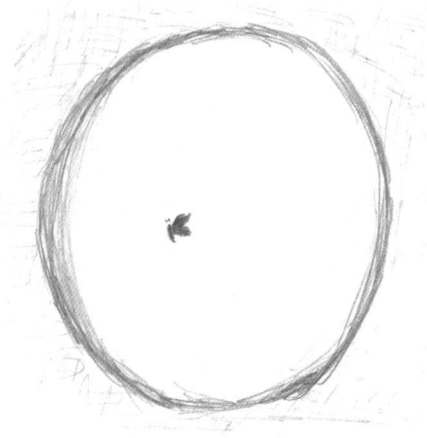

열심히 직업전선에 서서 자기 성취의 나날을 보냈습니다. 약력을 보니 한국능률협회와 유한킴벌리에서 일했고 중등학교 교사와 대학교 시간강사 등을 30년 동안 했군요. 현재 서초역 근처에 있는 법률사무소 원원에서 가사상담 실장을 하고 있고 단국대학교 취업창업지원처의 초빙교수로 출강하고 있습니다. 게다가 단국대학교의 박사과정 학생이기도 합니다. 최근에 이영희라는 분과 공저로 펴낸 『취업진로 모티베이션』이란 책을 보니 김미호 씨가 얼마나 바쁘게 살아왔는지 알 수 있었습니다. 최근에 취업한 53명을 인터뷰하여 취업에 필요한 노하우를 파악, 이론적으로 정리한 책이었습니다. 어찌 보면 문학과는 좀 무관한 세계에서 착실히 실력을 쌓고 있던 분이 어찌하여 시를 쓰게 되었는지 궁금해지는 것이었습니다. 제일 앞머리의 시가 시집의 제목이 되었군요. 그만큼 중요한 의미를 지니고 있는 시가 아닌가 합니다.

편도의 길을 간다
시간의 미련
과거의 꿈이 오늘을 데려왔다

설탕 두 스푼 첨가한 커피믹스의 달콤함

딱히 신선하지도 새롭지도 않은 미래의 맛

찻잔 속 커피가 불안하게 떨려온다
일상의 바람은 저울에 올려지고
시커멓게 타들어 간 촘촘한 시간들은
어두운 행복으로 기울어진다

여리고 나약하다
버티려고 애쓰지만
허리에서 턱밑까지
숨이 차오른다

늪이다
바람이라도 멈추어 줬으면
안개라도 걷히기를

날갯짓을 해야 한다
날갯짓을 해야 한다
―「늪에 빠진 나비」 전문

  제목만 보면 나비는 지금 절체절명의 위기에 처해 있습니다. 진퇴양난입니다. 자신을 늪에 빠진 나비로

간주한 화자는 지금 많이 불안하고 긴장해 있습니다. "시커멓게 타 들어간 촘촘한 시간들은/ 어두운 행복으로 기울어진다"로 보건대 지금의 어려움에서 벗어나기가 쉽지 않습니다. 특히 제4연을 보면 버티기가 어려워 늪으로 가라앉을 것만 같습니다. 바람이라도 멈춰주기를 바라지만, 안개라도 걷히기를 바라지만, 기상 상황은 전혀 도움을 주지 않습니다. 하지만 거듭 다짐합니다. 날갯짓을 하자고. 이 늪에서 벗어나자고. 그다음 시에서도 화자는 고군분투하지만 상황은 조금도 나아지지 않습니다.

없으면 없는 대로
있으면 있는 대로
살아 있음으로
살아 있지 않음으로
충혈된 눈은
핏대를 세운다

현상과 이유를
설명하지 않을 그날이
오기나 하는 걸까

> 어제는 흐리고
> 내일은 눈이 온단다
> 오늘은 가뭄에 비가 내린다
> 거리는 축축하고
> 계절의 이상 현상은 지속되는데
> ―「무언, 무죄」 앞 3연

 충혈된 눈으로 핏대를 세우는 사람은 타인이 아니라 자신입니다. 기상(氣象)은 지금 엉망진창이네요. 가뭄 중에 비가 내리니 다행인데 일기가 영 정상이 아닙니다. 기상이변과 같이 '너'는 궤변론자인가요 거짓말쟁이인가요.

> 네 이상한 정의는 아직도 살아 있는 거냐?
> 내 몸부림치는 정의야
> 어떻게든 버텨내라
> 도무지 대책도
> 도무지 도리도 없지만
>
> ―나는 죄가 없다
> 나는 용서받을 일을 하지 않았다

> 말하지 않아도 너만은 알 것이다
> ―「무언, 무죄」 뒤 3연

나는 죄를 짓지 않았는데 죗값을 치르라고 합니다. 그래서 화자는 외칩니다. 나는 용서받을 일을 하지 않았다고. 내가 침묵을 지키고 있지만, 자기변호를 하지 않고 있지만, 너는 알고 있지 않냐고. 내가 무죄임을.

이어지는 시도 거의 다 억울하다고 하소연하는 내용으로 이어집니다. 어떤 경우엔 "오직 독하게 고장 나 버린/ 이 빌어먹을 내 심장 탓"(「당신 탓이 아니야」)이라면서 자책하기도 하고 "대체 넌 언제 세상을 제대로 볼 거냐"(「하나만 알다가」)는 타인의 충고를 옮기기도 합니다. 이런 고통과 고뇌가 어디에서 연유한 것인지 시인은 밝히지 않습니다. 사회생활 자체를 억압으로 여겨서 그런 것일까요? 이상과 현실의 언밸런스 때문인가요? 충족되지 않은 욕구가 나를 억누르고 있다고 화자를 내세워 솔직하게 고백하기도 합니다. 우리 사회에 만연해 있는 부조리와 타협하지 않고 나 자신의 양심대로 살아가겠다는 결심도 군데군데서 은유적으로 표현하고 있습니다.

시계를 본다

저울이 먹통에 가까워진다
해는 나를 깨워서
일상의 루틴을 채찍질하고
밀어내고 일으키는 싸움은 어제와 같다
— 「저울질」 제3연

저주와 파멸이 치솟는다
용서와 사랑이 욕구와 대치한다

저주할 것인가, 용서할 것인가
엄청난 세기로 분출되는 조각들
결말은 대체 어떻게 날 것인가?
— 「욕구」 후반부

  화자의 삶이라는 것이 실마리가 풀려가고 해결이 돼 가는 것이 아니라 더욱 복잡하게 얽히고 난맥상을 드러냅니다. 세파를 간신히 헤쳐나가는 일엽편주인데 태풍이 온다면? 아아, 가스라이팅(gaslighting)을 당한 적도 있었다고요? 현실감과 판단력을 잃게 만듦으로써 그대에게 지배력을 행사하는 이가 있었다는 것입니까? 이 시 속의 '누군가'는 도대체 누군가요?

갑작스레 내려치는 소나기
갇혀 있던 철창 속으로
냉기 품은 물줄기, 손을 뻗는다
지배당한 육신
세찬 비바람은 온몸을 감싸안는다

주인이 자리를 비운 사이
누군가가 철문을 열어젖히며
가능한 한 빨리
아주 멀리 달아나라 소리친다

나는
철문을 나와
가능한 한 빨리
아주 먼 곳으로 도망쳤다
—「가스라이팅」 후반부

  시인 자신이 이런 일을 겪었을 수도 있지만 법률사무소에서 일하고 있으므로 이런 유의 일을 접한 경우도 꽤 있었을 것입니다. 이어지는 시 「해고」 「무덤 옆에 무덤이」 「미끼가 되어 하늘을 날다」 「견뎌야만 하는 이유」 등도 제목부터 어둡습니다. 법률사무소의 가사상담 실장으로서 그간 겪은 수많은 사례가 이런 시가 되지 않았나 여겨집니다. 「어둠이 멈출 때」를 보니 그래도 희망의 끈을 놓치지 않으려는 의지가 보입니다. 그 끈을 누군가에게 전하려는 마음도 있네요.

> 초점이 없어지고
> 정신이 돌아오는 순간
> 내 사랑은 꽤 멀리 있었다는 사실
> 그것이 온통 어둠에 잠식되어 있었다는 사실
>
> 어둠이 웃고 나는 표정이 없다
> 나는 이 어둠을 빠져나가는 방법을 안다
> 어둠이란 놈은 이를 간과하고 있다는 슬픈 현실
> 반전이다
> 어둠은 결국 중징계를 받고 말았다.
> ―「어둠이 멈출 때」 끝부분

화자는 어둠과의 끈질긴 싸움에서 끝내 승리를 거둡니다. 어둠을 빠져나가는 방법을 알고 있었고, '반전'을 이룩합니다. "어둠은 결국 중징계를 받고 말았다."는 결구는 현실의 어둠이 아무리 짙어도 돌파구를 마련한 화자의 의지를 읽어낼 수 있습니다. 가사상담 실장이 해야 하는 일이 바로 그런 게 아니겠습니까. 해결책을 제안해야 하는 거지요. 일자까지 명시한 아래 시는 시인 자신의 경험인지 타인의 경험인지 알 수 없는데 해피엔딩으로 끝납니다.

> 그해 11월 27일
> 두 아이가 행방불명이 되었어
> 여섯 달의 수사 끝에, 아이는
> 엄마의 품으로 돌아왔지
>
> 오직 법만이 아이를 찾을 수 있던 유일한 시기
> 여섯 달의 시름을 날계란으로 견뎠어
> 그 시기 신경안정제가 없었다면
> 그 숱한 낮과 밤을 뜬눈으로 지샌 나머지
> 그날밤 희미해져 가는 영혼의 무게를
> 잡을 수 없었을 거야
> ―「견뎌야만 하는 이유 2」 부분

두 아이를 잃고 신경안정제로 버틴 날이 여섯 달이었기에 망정이지 1년 혹은 2년을 끌었다면 화자는 병원에 가야 하지 않았을까요. 이 시의 제7연이 "법은 결국 정의의 편에 서주었지"인 것도 의미심장합니다.

「자각」이란 시의 마지막 부분도 희망을 잃지 않고 살아가려는 화자의 의지가 보입니다.

>올곧게 살 수만 있다면
>단 하루만 살아도
>윤기 나고, 탐스럽게 광택을 내며
>다가올 마지막을 마중하리라.
>그리고 이 말 하며 손잡고 싶다.
>
>"너도 그런대로 고생하며 찾아왔구나."
>―「자각」 끝부분

참으로 감동적인 시입니다. 이런 자각에 이르기까지 시인은 얼마나 힘든 나날을 보내야 했을까요. 흡사 내일이 이 지구의 마지막 날이라고 해도 나는 한 그루 사과나무를 심겠다고 한 스피노자(요즈음에는 루터가 한 말이라는 주장도 있습니다)의 말처럼 올곧게 살 수 있기를 소망하고 있습니다. 그럼 단 하루만 살아도 "윤기 나고, 탐스럽게 광택을 내며" 다가올 마지막을 마중하겠다는 결심에 이르렀으니 참 대단합니다. 그러니까 1부의 15편 시는 분위기가 대체로 암울하지만, 우리에게 닥치는 이런저런 난관이 나를 절망의 늪에 침잠하게 놔두지 않을 것이라는 일말의 희망을 내장하고 있습니다.

2부의 시는 연로하신 아버지가 병마에 시달리고, 끝내 이승을 하직하고, 그대가 장례식을 치러 드리는 과정이 전개되는데 편편의 시가 저의 심금을 울립니다.

> 효심 짙은 딸은
> 귀가 들리지 않는 아버지를 향해
> 핏대 세운 벌건 얼굴로 안부를 여쭙는다
> "아버지, 다른 걱정은 하지 마시고요
> 제발 오래만 살아주세요."
>
> 오늘따라 더욱 살가운 아버지의 목소리
> 이별이 머지않은 사랑의 속삭임인가
> 내 안에서 솟구치는 굵직한 용오름은
> 영원을 갈망하는 사무치는 소원인가
> ―「요양병원」 부분

아버지는 말문을 닫았기에 대화가 통하는 것이 아닙니다. 게다가 코로나 시기입니다. 하지만 서로 얼굴만 봐도 마음을 읽을 수 있습니다. 두 딸과 같이할 수 있는 시간이 얼마 남아 있지 않다는 것을 알고 있는 아버지이니 마음이 얼마나 아프겠습니까. 아버지의 눈가에는 물기가 맺힙니다. 아버지가 돌아가시는 것이 기정사실이어서 딸은 아버지가 사시던 곳으로 가서 유품을 챙겨오기도 합니다. 이윽고 영안실에서 아버지를 마주하게 됩니다.

굳게 다문 입술
고운 선은 사라지고
선명하던 눈매는
주름에 싸매졌네

왕년의 어깨는
오발의 상흔으로
천하의 기세는
사지의 무사함으로

맞지 않는다던 그 옷
남겨질 이를 위한
또한 나를 위한

이제는 명분도
사제 옷도

더는

필요치 않네
— 「영안실에서」 전문

 아버지가 있었기에 자식이 있는 법, 그간 많은 시간을 함께했던 모녀는 영영 만날 수 없는 사이가 되고 맙니다. 그리고 당선작 중 한 편인 다음 시는 제목이 섬뜩했는데 내용을 보니 욕이 아니었습니다.

무덤 앞에조차
목 놓아 울지도 못하고
이쁘다 이쁘다 하신 탓에
이쁜 옷 차려입고
헤헤 웃으며 재롱떠는
이 어른 새끼가 보이시냐고
어디 한번 벌떡 일어나서
호통이라도 쳐 보시라고
— 「어른 새끼」 끝 연

 아버지가 두 딸을 얼마나 예뻐했는지 짐작이 갑니다. 아버지 앞에서 이 딸은 '어른 새끼'인 것입니다. 어른이 되었지만 여전히 어리광이나 부리고 싶은 아버지의 새끼인 것입니다. 아버지에 대한 회상기는 이런 시편 외에도 여러 편 더 있는데 아버지와 사별한 경험이 있는 독자라면 충분히 공감하고 감동할 것입니다. 그런데 시간은 속절없이 흘러갑니다. 계속해서 아버지의 초상만 그리고 있을 수는 없습니다. 가슴에 묻고 다시 '일상'이라는 회오리바람 속으로 뛰어들 수밖에 없습니다.

3부의 소제목은 '사랑'입니다. 자신의 생활 속에서 이제는 상대가 누구라도 애정을 갖고 대하려고 합니다. 생존을 위해 발버둥치던 나날도 있었고 아버지의 마지막을 지키고 장례를 치렀던 날들도 있었는데 그런 시기를 다 보내고 안정을 되찾은 듯합니다. 이제는 내가 해야 할 일이 주어진 일과라기보다는 적극적으로 성취해야 할 사랑이 아닌가, 그렇게 생각하기에 붙인 제목일 것입니다.

무리의 리더로서
무리를 이끌며
무리를 지키기 위해
오늘도 새로운 바위산 찾아
끊임없이 헤매어도
나의 힘듦은 힘듦이 아니다

그런 너를

그런 산양 같은 너를

사랑하지 않을 수가 없구나

　　― 「산양 사랑」 후반부

　산양이 도대체 누구를 가리킨 것일까요? 무리를 이루고 있는 산양이므로 학교가 아닐까요? 교사 혹은 강사로서 직분을 다해야 하겠다는 결심이 느껴지는 시입니다. 시의 대상이 무리가 아니라 한 명 개인일 경우도 있는데, 사랑 고백에 가까워 아, 마음은 여전히 20대구나, 아니, 사춘기 소녀로구나 하는 생각도 해보았습니다.

내 쓸데없는 촉수들이

당신 일을 방해할 때도

당신만은 나를 응원해 주고

하던 일 멈추며

자상하게 타일러 주었으면 해요

나는 쓸데없는 촉수투성이로

이름 없는 골짜기에서 태어났지만

당신의 바다를 향해

오롯이 나아가고 있네요
―「촉수들의 기도」 후반부

  쓸데없는 촉수투성이로 이름 없는 골짜기에서 태어났다고 자기를 비하하고 있지만 당신만은 나를 응원해 주니 하던 일 멈추고 자상하게 타일러 주기를 바랍니다. 사랑은 베푸는 것이기도 하지만 받고 싶은 것이기도 하지요. 그리고 첫 번째 시에서는 자신을 늪에 빠진 나비라고 했는데 이제는 "자유를 갈망하는/ 그저 평범한 나비일 뿐이라고" 말합니다. 그때는 아마 사랑을 할 대상도 없었고 사랑해주는 이도 없었나 본데 지금은 그렇지 않습니다. 내가 사랑의 주체가 되겠다는 것입니다.

끝난 사랑이 있고,
끝나지 않는 사랑이 있다.

다만
내 사랑이 아직 끝나지 않았다는
그 사실 하나만으로도,
나는 몸서리치게 안도한다.
―「생각 둘」 전문

사랑했다
사랑한다
사랑을 서약한다

사랑은
상처투성인 채로
여전히
사랑이란 걸 하고 있다
―「사랑」 2, 3연

  사랑에 대한 여러 가지 연구 가운데 이 2편이 눈에 확 들어옵니다. 내 사랑은 아직 끝나지 않았다는 구절과 상처투성인 채로 여전히 사랑이란 걸 하고 있다는 구절에 눈길이 오래 머뭅니다. 혹시 시인은 일에서, 관계에서, 강단에서, 법률사무소에서도 사랑을 찾아낸 것이 아닌지 모르겠습니다. 시의 제목 중「사랑 따위」란 것이 있네요. 사랑을 비하하는 내용인 줄 알았는데

하지만 사랑이란
사랑으로밖에 설명할 수 없다는 걸

내 아이가 알려준다
"Fly me to the moon"
아주 감미롭게 잘 부르네
신.기.하.다
—「사랑」끝부분

을 보니 사랑에 대한 그 어떤 정의보다 나은 구절, "사랑이란/ 사랑으로밖에 설명할 수 없다는 걸" 알게 됩니다. 우리는 '사랑'이라는 말을 교회나 성당에 가서 많이 듣게 되는데, 사실 사랑은 이타적인 행위지요. 우리 교회, 우리 성당에 헌금하는 게 중요한 것이 아니라 이 땅의 음지에 빛을 비추는 행위가 중요하지 않겠습니까. "난 너 하나인데,/ 넌 나 하나 아니잖아."(「차이」) 하고 원망할 때도 있었지만 이제 그럴 필요가 없지요. 베풀면 돌아오는데 우리는 베푸는 것에 익숙해지지 않고 있으니 문제지요. 아마도 가사상담도 해보면 부부간, 부모자식간, 형제간, 친척간에 문제가 있는 경우를 많이 만날 텐데, 현대에 들어 가족해체가 너무 잦아지고 있는 것이 아닌지 모르겠습니다.

  4부에서 시인은 자신의 일상을 종종 시화하고 있습니다. 그리고 가족을 만나고 있습니다.

내 아이가 어제
계란찜을 밀어준다
내 아이가 어제 처음
"잘 먹었습니다."라고 말을 건넨다

내 아이는 오늘 처음
행주를 빨아 식탁을 닦았고
내 아이는 오늘 처음
행주를 빨아 씻기까지 한다

(중략)

더욱 바빠진 엄마
더욱 외로워진 엄마
거실 공기가 차갑게 느껴지는 초겨울이다
낙엽이 나뒹구는 가로수 길을
오늘 처음 아이와 걸었다
— 「내 아이가」 부분

바쁘게 살다 보니 집의 아이에게 소홀했던 것인지, 자책하는 어머니의 모습을 읽을 수 있습니다. 모자가 '처음' 소통의 시간을 가졌나 봅니다. 앞으로는 더 많은 시간을 가질 수 있을 거라고 생각합니다. 이런 위로의 시는 어떤가요. 남이 하는 말을 귀를 쫑긋 세우고 들어주는 것이 직업이 된 그대의 일상이 아닌지 모르겠습니다.

    나의 하루는
    너를 위로하는 일
    네 시간을 보듬는 일

    녹을세라 접힐세라
    쓸어주며 도닥이며
    너의 체온에 맞게
    다려 주며 물 뿌려 주는 일

    희뿌옇게 보이는 하늘일지라도
    저 언저리쯤 달이 있고
    이 언저리쯤 해가 있음을 일러주면서
    — 「상담사의 하루」 전반부

학교에서건 법률사무소에서건 그대는 타인의 시간을 보듬고, 그 시간이 녹을세라 접힐세라 쓸어주며 도닥이는 일을, 그의 체온에 맞게 다려 주며 물 뿌려 주는 일을 하고 있군요. 어떤 경우엔 "네 아끼던 봉제 인형이 되어／너와 함께 손잡고 걸어가 주는 일"을 하고 있습니다. 사람을 캐스팅하기도 하고 사람들과 미팅도 하고 면접관 노릇도 합니다.

  그리고 마침내 한 가지 일이 늘었습니다. 시를 쓰는 일입니다. 시를 쓰다 보니 자신의 생활 범주 안이라는 연못에다가 낚싯줄을 던지기도 하고 정신없이 유영하다가 낚싯밥을 물기도 합니다. 지금까지 앞만 보며 달려왔으니 간혹 뒤를 돌아보기도 하고 길 가다가 앉아서 쉬기도 했으면 좋겠습니다. 그것을 가능케 하는 것이 시상을 띠올리며 사색하는 것과 종이를 메워가는 습작이 아닐까요.

  그대 인생의 황금기는 아직 오지 않았다고 생각합니다. 늪에 빠진 나비가 날개를 한참 파닥거려 이제 겨우 늪을 빠져나왔습니다. 이제는 날개를 나풀나풀 힘껏 퍼덕이며 이 세상을, 이 세상의 많은 사람을, 후세의 사람들을 시를 통해 만나기를 바랍니다. 군데군데 어색하고 미숙한 부분이 없지 않지만, 스스로 채찍질하는 연마의 과정을 거치면서 훨씬 나은 제2시집, 제3시집을 출간할 것을 기대해 봅니다. ✿